JN440448

# 잠들어도 그리움은
# 쉬는 날이 없네

건강신문사 힐링노래시집

•
•
•

# 잠들어도 그리움은 쉬는 날이 없네

구연배 시집

건강신문사
www.kksm.co.kr

## 시인의 말

천둥소리에 놀란 노루처럼
큰 눈망울로 올려다보는 하늘
흰 구름 흐르는 해원의 푸른 바다 같다.
생각지도 못한 귀인의 제안으로
계획에 없는 시집을 엮는다.
이것도 예측 불가의 인생인가 싶고
구김살 없기를 바라는 마음이다.
시가 그렇듯
꿈이 그렇듯
오로지 간절함으로 살뿐
잠들어도 그리움은 쉬는 날이 없네.

2025년 겨울

**구연배**

# 차례



## 1부 사랑의 마음

## 2부 눈뜨는 아픔



## 3부 목련꽃

## 4부 안개꽃

## 5부 육필

# 1부

# 사랑의 마음

## 고요를 찾아

숲으로 가라
숲에 가면
살아 있는 소리 들로 가득한
고요를 만나리니

새가 울고
나뭇잎이 흔들리고
계곡물 흐르는 소리
낙엽 썩는 소리
썩어서 흙이 되는 소리

들어보라
저 끝없이 맑은소리의 합창

삶이 없으면 고요가 아니다.

## 사랑의 마음

꽃을 보고 울었던 그 눈물
꽃으로 피어날 수 있다면
얼마나 향기로울까

이슬을 보며 황홀했던 그 눈동자
이슬로 맺혀 눈뜰 수 있다면
얼마나 투명할까

향기롭게 다가가
투명한 가슴으로 만나야 할 사람.

낙엽을 보며 노래했던 그 목소리
낙엽으로 다시 뒹굴 수 있다면
얼마나 아름다울까

강물을 보고 깊어졌던 그 마음
강물이 되어 흐를 수 있다면
얼마나 고요할까

아름답게 타올라
고요한 영혼으로 꿈꿔야 할 사랑.

## 강, 하나로 섞이는 물노래

떠도는 안개이다가
풀잎 끝에 맺힌 이슬이다가
승천하지 못하고 강물이 되어
바다에 이르는 동안
서로의 가슴에 뜨는 달을 잡고
부서지는 파도

강둑 저 멀리
몸을 섞는 물길 속으로
그물을 던지는 한 사람
살 오른 허무만 연신 건져 올리고 있다.

다시는 흩어지지 않을 듯
섞인 마음에
갈 하나 떠서 함께 흐르고

등 푸른 강물이

물비늘을 세우고 달아난 모래밭에는
바람이 새겨놓은 발자국
무더기로 깔려 있다.

격정을 흐름으로 다스리는
강, 하나로 섞이는 물노래를
밤마다 가슴으로 듣는 꿈
무심히 깊어가고.

# 새벽길

누가
바람 속에 바람으로 불어와
순결한 풀빛이 되고
꽃 속에 꽃으로 다가와
투명한 향기가 되는지
눈뜨는 아침보다 먼저 깨어나
숲으로 가는
새벽길을 걸어보면 안다.

누가
씨앗 속에 씨앗으로 떨어져
뜨거운 뿌리가 되고
흙 속에 흙으로 부서져
고요한 땅울림이 되는지
새벽 강물보다 먼저 일어나
나를 흘러간
우물을 들여다보면 안다.

아, 침묵보다 더 고요한 말씀으로
묵은 귀를 씻는 내 비밀한 당신.

# 아침 뜨락에서

바람이 쓸고 가는 어둠 사이로
물안개 타고 오는 새벽
아직 깨어나지 않은 속 뜰을 걷는다.

이적지 열지 못한
의식의 눈동자 뜨고 보면
잠긴 하늘 열리는 마른 목에
삼투압 되는 동력의 빛

이승에 매인 이름 풀어놓고
하나 둘
꽃이 되고 나무가 되는
부활의 축복으로

나무는 손 흔들어 환호하고
온몸에 물결치는 아침 교향악

이제 가진 것 없어도
비워냄로 더 맑은 샘물 속에
오늘 하루 영혼의 물꼬를 트고
능소화 핀 울안
아침 속 뜰의 잡풀을 뽑아낸다.

## 달과 하룻밤

창 두드리는 소리 있기에
창문을 열어 놓았더니
수줍은 눈썹달이 살며시 들어와
내 오른팔을 베고 눕는다.

아무 말도 못하고 가슴만 뜨거운 채로
외로움을 다독이다
선잠 속에 창백한 꿈 서럽게 부서지는 새벽
실눈 뜨고 바라보니
달은 내 왼팔에 잠들어 있다.

밤새 나를 건넜을까
내가 달을 넘었을까

먼 산 계곡에 어둠을 걷는
독경 소리
마당을 쓸고 가는 바람소리

야윈 눈썹달을 껴안고
새벽 이불을 당긴다.

# 안개가 내리면

갯내음이라고도 하고
물비린내 같기도 한 안개는
강 중턱에서 시작해 들판을 덮치고
아무도 익사시키지 않으면서
마을 전체를 고스란히 잠기게 하더니
언덕을 지우고
언덕 위의 길을 지우고
길 위의 숱한 꿈도 지워
지운 모든 것
뿌리는 뿌리로 줄기는 줄기로
새살 차오르게 하느니
안개가 내리면 사람들은
가장 깊은 곳으로 가라앉아
바다보다 더 웃자란 고독과 침묵을
한 움큼 움켜쥐고
아침 수면 위로 떠오른다.
한 사람 또 한 사람

떠올라 숲이 되고 그늘이 되는
노동의 들판으로
안개를 걷고 세상이 다리를 놓는다.

# 진달래

눈멀었어라.
범람하는 붉은 꽃빛에 그만
약시의 눈동자 깜깜하게 눈멀었어라.

멍들었어라.
진달래 꽃잎 따 먹고 밤새
울어쌓는 소쩍새 울음 파랗게 멍들었어라.

어이없이 길을 잃은 누이에게는
헤엄쳐 나가지 못할 꽃 사태
황톳길 언덕이 힘없이 무너지고
처마까지 차오르는 붉은 산그늘

봄이 오면
꽃 사태에 깔려 죽은 예쁜 내 누이
무더기로 떠내려오고
곱디고운 사람들 기다리는 오월
홀연히 떠내려가고.

# 구도

한 번도
꽃 속의 꽃으로 피어나
약시의 눈 속으로 흘러든
그 얼굴 보지 못했네.

바람 속의 바람으로 부서져
난청의 귀를 열게 한
그 목소리 듣지 못했네.

가던 길 멈추고
뒤돌아보면
꼭 한 사람의 발자국 있어
외로움에
엉엉 울어버린 날이 얼마던가

아 나는 몰랐네.
그것은 길보다 먼저
길이 된 당신이었네.

# 입추

태양이 고도를 낮추고
날의 길이를 줄일 때
그늘 한 자락 선선히 깔고
놀에 눕는 저녁 산.
움 돋기를 마친 씨앗이
씨앗으로 되돌아가는 길목에 서면
한 계절 잔치로 얼큰
꽃씨는 멀리까지 날아 취한 저마다의
삶을 만나게 된다. 갈 만큼
시선이 투명하고
열매를 물고 있는 나뭇잎에서는
단내가 난다.
살아왔는지, 살아졌는지
바람에 흔들리는 가지를 보며
그 뿌리의 무게를 조심스럽게 가늠해 보는 것조차
알량한 나의 셈법일지 모른다.
길고도 고단했던 노동을 끝내고

스스로가 스스로를 얼마나 속이고 또 충실했는지
속살 여물며 깨달을 터이므로.

# 바람이 불면

바람이 불면
숲속의 나뭇잎들이 일제히
한곳으로 쏠린다.

사람의 눈으로는 알 수 없는
비밀한 그곳으로
온 들판의 풀잎도 몸을 누이고
물결은 끊임없이 밀려가는데

무엇이 저들의 시선을
한 꼭지점으로 묶는 걸까

그 같은 바람 나에게도 불어와
오직 한 사람 그대를 향해
애오라지
기울어진 모습으로 살고만 싶다.

## 당신

내게
단 하나의 그리움을 알게 한 당신
그리하여 꿈마다 뜨거운 포옹입니다.

내게
단 하나의 기다림을 가르친 당신
그런 까닭에 맨발로 넉넉한 눈길입니다.

말없이 나를 보아도
오랜 동안의 침묵을 다 듣느니

언젠가는 내게
단 하나의 진실을 알게 할 당신
그러면
죽음도 우리를 갈라놓지 못할 것입니다.

# 스스로 말하게 하라

고요한 숲을 흔들어
다 털어내지 못한 어제의 우울을
스스로 말하게 하는 바람처럼

이끼 낀 바닥을 흘러
말끔히 씻어내지 못한 지난날의 얼룩을
스스로 닦아내게 하는 강물처럼

흐름으로
흘러간 것을 잔잔히 떠오르게 하고
살아감으로
살아온 것들을 생생히 그립게 하는
그런 삶을 살고 싶다.

퍼 올리면
퍼 올리는 만큼의 거리를 두고
우물은 우물 스스로 차올라
투명하게 고이는 법이므로

# 숨은 강

강을 만나지 못했다.
오래도록 강도 내게 오지 않았다.
그럼에도 언제나 나를 흘러가는
저 깊고 푸른 강은
유년의 뒷산 잡목 숲 사이로
이낀 낀 자갈을 밤새 굴리고
눈 내린 빈들
아무도 몰래 빠져나온 발자국마다
달을 띄운 작은 연못이 되느니
따뜻한 삶의 울타리를
송두리째 쓸어버릴 물결 속으로
부질없이 키워온 나를 밀어 넣는다.
세상이 쓰러지고
쓰러진 세상을 밀고 가는
단 하나의 물길만이
나를 일으켜 세우는 강.
강은 숨어서 흐르고
눈뜨면 흔적도 없어라.

2부

# 눈뜨는 아픔

# 꿈

내 잠 속에 들어와
꿈이 된 사람아

이승 건너 저승 건너
영원 별이 됐느니

나 또한 그대 잠 속 들어가
꿈이 되는 날

깨어나지 말았으면
아니, 시공 구별 없이
살 수 있으면.

# 눈뜨는 아픔

내 눈 속에 들어와
눈동자를 씻는 그대여
당신의 눈빛만큼 나는 맑아지고
내 영혼 속에 들어와
핏물 고이는 그리움이여
기다림으로 나는 날마다 뜨겁다.

그리움이란
내 안에 네가 눈뜨는 아픔

내 가슴에 물꼬를 트고
강물처럼 흘러드는 노래여
당신의 음성을 듣는 귀 밝은 새가 되고
먼 기억의 잠 속으로 들어가
영원을 잣아 올리는 꿈이여
당신의 손길로 열리는 새벽은
언제나 눈부시다.

사랑이란

네 안에 내가 눈뜨는 환희.

## 꿈꾸는 밤

나는 밤마다 눈 번히 뜨고
꿈을 꾸는 새가 된다.
삶과 죽음의 피안을 날아다니며
추억의 먼 별 밭을 찾아
날개 저어가는 아득한 지평 어디쯤에
나의 꿈을 뉘일까.
산다는 것은
곰팡내 찌든 지난날의 누추한 방에
아름다운 미래를 초대하는 것.
오늘 하루
낙서로 얼룩진 내 삶의 낙장(落張)을
빈 시간에 끼워 넣고
조용히 묵상하는 시간 속으로
불면의 밤이 찾아와
광막한 어둠의 형틀로 쥐어짤 때
거기 내 소망의 별 하나
등대처럼 떠오르나니

아, 나는 오늘밤도
한 소절의 노래 부르면서
부르면서 꿈을 물어 나르는 새가 된다.

# 잠들어도 그리움은 쉬는 날이 없네
## -비누

당신은 나를 위해
단 한 번도 깨끗한 얼굴로 다가오지 않았네.
때 묻고 땀 젖은 모습이어도
그림자 짙게 드리워진 당신의 넓은 등이
하얗게 빛나도록 닦아드리리니
아주 가끔씩 일지라도
나를 찾는 그 마음 내 알기에
뼈가 닳는 아픔도
살 깎이는 고통도 기꺼이 즐겁네.
거품이 되어 슬픔을 안으로 감추는 동안
당신은 나를 말끔히 씻어내네.
오, 티 없이 맑은 당신
이제 나
그대 마음속 그늘도 지워버리고
생생히 윤을 내리니
흙 묻은 모습으로 다가와 눈부신 속속들이

깊고 그윽한 향기로 남아
그대 우울한 머리맡을 떠나지 않으려네.
꿈꾸소서 끝없이
나를 덜어냄으로 고이는 행복
잠들어도 그리움은 쉬는 날이 없네.

# 세상의 아침

어둠이
꼬깃꼬깃 접어두었던 길을
세상에 풀어놓는 새벽.
길은 저마다 흩어져
산으로 들로 가고
어떤 것은 물길이 되어 우물 속으로 들어가
서운한 꿈을 마저 꾸기도 한다.
그러고 보니 안개는
강이 아니라 모락모락 김을 피워 올리는
길에서 시작되고 있었다.
길은 모두 따뜻해서
새들이 언 발을 녹였다 날아가고
언덕 넘어
푸르름을 밀어 올리는 풀뿌리들.
사람들도 제일 먼저
길을 걸으며 하루를 시작한다.
어둠이 길을 펼쳐놓고

한꺼번에 세상을 들여다보는 아침
나는 그것을 빛이라 한다.
한 날의 깨어남이라 한다.

# 빙점

허무로부터 한 발짝도
자유롭지 못한 어제와 내일 사이는
언제나 아득한 벼랑 같은 것

결국 통째로 몸을 던져 맛봐야 할
삶의 짜릿한 절정을
오늘 내게 허락할 수는 없는가
벌써 또 하루 맥없이 스러지는데

날마다 깨어나
능히 세상을 끌고 가고도 지칠 줄 모르는
강물의 푸른 힘은 어디서 나오는가.
어두울수록 빛나는 하얀 물길과
흐르면서 흐르지 않는 달의 중심은 또
어디에 뿌리를 박고 있는가.

얼음이면서 물이고
물이면서 얼음이 되는 빙점

자유함으로
허무 그 너머까지 마음껏
세상 경계를 넘나드는
나만의 빙점을 갖고 싶다.

# 쉴만한 그늘

그곳에
푹 빠져도 좋을 그늘이
지금도 싱싱하게 자라고 있을까

젖을수록 따뜻한 노을
여전히 타오르고 있을까

바람과 나무와 바위뿐인 숲에서
나는 저를 올려다보고
저는 나를 내려다보며
온종일 고요한 마음 나누었느니

아 그리워라
일어서면 노래가 되고
흔들리면 춤이 되는 풀잎 언덕

멀리 동구 밖까지 내다보며

붉은 이마를 식혀주던 홰나무
지금 찾아가도
푸른 눈매를 꼿꼿이 세우고
쉴만한 그늘 한 자락 선선히 내줄까

마셔도 마셔도 취하지 않을 바람
여전히 씽씽 불고 있을까.

## 새 망보기

씨앗 심은 텃밭에 새떼를 쫓으라기에
시집 한 권 챙겨 들고
밀집모자 눌러 쓰고
나무 그늘에 앉아 망을 봅니다.
강냉이 콩 호박 상추 아욱 씨들이
단단한 껍질을 벗고
연한 살을 뾰족뾰족 밀어 올렸는데
그것 뜯어먹자고 기어오르는 벌레들하며
멧비둘기 까투리 장끼 콩새 박새
건지숲의 새란 새는 다 날아듭니다.
촉 틔운 씨앗을 빼먹는 놈
비린 떡잎을 쪼아 먹는 놈
겅중거리는 발목과 투명한 부리가 너무 예뻐
넋 놓고 구경만 했습니다.
혼날 일만 고스란히 남겨놓고
잔치를 끝낸 새들은 숲으로 가고
나 또한 시집을 다 읽었으니 귀가!
유쾌한 탐조 시간이었습니다.

# 꽃 지는 날에

목을 뚝뚝 꺾는
꽃나무 밑에서는
엉덩이를 깔고 앉지 마라.
지는 꽃잎 한 장에도
하늘 법이 무거우니
긍휼한 눈빛 없이 바라보는 건
예의가 아니다.
꽃 피는 것이
세상 목숨을 알리는 환한 몸짓이라면
꽃 지는 것은
하늘 목숨을 알리는 쓸쓸한 몸짓
거기에 그대 기댈 마음이 있으니.

# 꽃바람

꽃바람은
하늘을 향한
가장 극렬한 몸짓
그러므로 꽃밭에서는
두 마음을 품지 마시라
불붙거나
얼어붙거나
사랑이거나 치정이거나
오직 한 마음만
꽃일 수 있고
향기일 수 있느니.

## 꽃씨

꽃은
필 때
목숨을 건다.

실바람에 흔들리는 꽃잎의
눈부신 관능을 보라.

죽음이 아니고는 맛볼 수 없는
씨방 속에
꿀 한 울 숨겼으니

그러므로 그대여
목숨 거는 사람에게
방문을 열어라.

꽃씨는
스스로 책임지는 사랑의
궁휼한 댓가다.

## 동백꽃

목젖이 훤히 보이도록
화끈 웃어주는 다산초당 올동백은
봄을 알리는 연기 없는 봉화

술에 취할수록
루즈를 짙게 바르고 시를 읊는
나의 여인처럼
바람 불씨를 긋자마자
극렬히 타오르다 뚝! 뚝!
절정에서 떨어져 자진해버리는
피 묻은 꽃잎을 보라.

아 선홍빛 그 입술에 취해
봄이 오더라.
눈감지 못한 꽃 주검
서러운 언덕길에 동박새 울더라.

네가 그랬던 것처럼
내가 그랬던 것처럼
짧은 봄밤이
저 혼자 황홀히 타오르더라.

# 옻 꽃

마주보기만 해도 어김없이
흔적을 남기는
옻나무 같은 사랑아

아프지 않으면서
엉엉 울어야 가라앉는 두드러기는
그대를 추억하는
잠 못 드는 그리움이다
관절을 타고 흐르는 설레임이다.

나만을 생각해야 한다고
그래야 한다고
가슴 깊은 곳까지 스며들어
보지 않으면서 보고
혼자이면서 결코 혼자이지 않은
옻꽃 같은 사람

피맺힌 그리움이 돋는다.

서러운 그대 꿈이 온몸에 번진다.

# 원추리꽃

당신이 부르시면
달려가
한아름 꽃이 되고 싶은

꿈에라도 부르시면
날아가
한목에 안기는 향기이고 싶은

아, 얼마를 참아야
눈빛 부름에 잔잔히 떠오르는
이름이 될까
당신의 호흡에 나부끼는
꽃잎이 될까

삶의 아득함을 뚫고
날개처럼 가벼워지고 싶은 목숨

그렇게 하루하루
끌어안고 오르는 절벽이지만
벼랑 위의 원추리꽃
길을 버리라 한다.
사랑을 벗어던지라 한다.

3부

# 목련꽃

# 목련꽃

나는 이제 봄을 믿지 않는다.
목련꽃 피는
찬란한 봄을 진정 사랑하지 않는다.
그대는 말했다.
나는 순정한 여자! 라고.
한 겹 한 겹 옷을 벗으며
얼마나 나를 몸살 나게 했던가.
꿈꾸게 했던가.
아, 중심을 마비시켜버린 눈부신 사랑
그러나 죽어도 좋을
열매 맺는 그 밤은 내게 없었다.
지고 말면 그뿐인 목련꽃처럼.

# 금잔화

당신을 향한 겹겹의 마음을
맨 처음부터 가졌던 것은 아닙니다.
밤마다 나를 휩쓸고 가버리는
폭우 같은 그리움과
굳게 다문 붉은 입술의 떨림.
집으로 가는 길은 이미 저물어버리고
물기 어린 당신의 눈동자 속에서
나는 그만 익사해 버렸습니다.
애오라지
당신을 통해서만 씨앗이 되고 싶은
금잔화 사랑
떼어내도 줄지 않는 겹꽃잎 마음입니다.

# 어리연꽃

사는 일이
먼지바람 같다고 하더니
손 한번 잡은 인연이 무거워 훌쩍
인도로 간 사람.
잘 다녀오란 말도 못하고
어리연꽃 핀 강가에서 허허로이
눈물로 바래느니
꽃잎 몇 장으로 강물을 움켜쥔
저 환한 꽃불
부디 성불하시라.

# 하늘 수박꽃

치정이라 욕하지 마라.
그대를 칭칭 동이고도 모자라
뿌리까지 감아버린 실팍한 인연이다.

욕정이라 비웃지 마라.
그대가 죽으면 나도 따라 죽는
목숨 건 사랑이다.

삶이란
허공에 매달려서까지 키워내야 할
목숨 값이 있고
죽음으로도 바꾸지 못할
넝쿨 사랑법이라는 게 있다.

한 몸 이룰지니
극진한 사랑을 꿈꾸거든
절정의 순간 눈감지 마라.

죽을지라도 감은 손 풀지 마라.

나무 허리를 마음껏 죄는
하늘 수박꽃
한여름 폭염이 먼저 지치는
목하 열애중이다.

# 함박꽃

멀리서만 바라보았습니다.
등만 보여준 당신의 그림자를 좇다가
뒤돌아보는 눈길이면 그만
털썩 주저앉아 숨어야 했던
키 작은 사랑,
이제 와 고백이지만
눈감은 그 자리는 언제나
향기로운 꽃밭이었습니다.
그리움도 계절을 따라 함박꽃 피고
비오리 울음소리 들리는 오월이 오면
불현듯 그대가 생각납니다.
청보리 밭둑길을 스윽 넘던
징하게 예쁜 꽃뱀같이
달빛에 뽀얗게 빛나던 그대 등을
겁먹은 손으로 쓰다듬으며
아, 몸살 나게 좋았던 그날 밤
똬리 튼 추억이 함박함박 핍니다.

마당 가득

환한 그대 얼굴입니다.

## 꽃, 당신

봄이 왔어도
당신이 피어야 봄이고

꽃이 졌어도
당신이 계시면
나의 봄은 떠나지 않았다

봄은
당신이 흔들어주는 꽃그늘
꽃 자리에
당신이 핀다.

# 바람꽃

향기 없이는 만나지 말자.
목마름만 주는
물기 없는 말로는 더 이상
그립다 말하지 말자.
사랑의 이름으로 우리는
얼마나 많은 상처를 주는가.
그러면서 너 때문이야, 라는 참담한 말을
듣거나 해야 할 때
더 이상 스스로를 속이려 말고
덩그러니 혼자가 되자.
앞산도 모르게 피고 지는 바람꽃처럼
이게 아닌데 하고 느낄 때쯤이면
너무 늦다.
사랑은 말할 수 있을 때 향기롭고
이별은 말하지 않을 때 아름답다.

# 파꽃

하얀 파꽃이 피면
눈물 나게 한
파향 같은 그 사람을 생각한다.
온종일 맵기만 한 사랑을
뼛속 깊이 남겨놓은 사람.
바람만 불어도 부러질 듯
여리디여린 대궁이 어떻게
저토록 우아하고 탐스러운 꽃을 피울 수 있는지
눈이 멀도록 푸른 잎이 왜
관능의 매운맛을 깃들여
온몸을 얼얼하게 마비시켜 놓는지
지금도 나는 그 까닭을 모른다.
아, 하얀 파꽃만 보면
꿈속까지 따라와
송두리째 나를 흔들어놓고 가버린
그 사랑이 생각난다.
푸른 것은 모두 이율배반적이었다.

## 엉겅퀴 꽃

한 몸으로
두 마음을 품지 않는 것이
긍휼함이니

엉겅퀴 꽃을 보라
한 뿌리에
한 대궁만을 뽑아 올린
붉은빛 꽃숭어리

그리운 그날
꽃잎 포개는 날
죽어도 아니 떨어질
가시 돌쩌귀를 가슴에 박고 산다

뿌리도 하나 꽃도 하나
상처를 입었다면 용서하시라
오직 그 사랑을 위한 씨방이니.

# 불두화

한 번은 꼭
알몸으로 만나야 했다.
찾아가면 언제나
바람보다 먼저 달려와 안기는 꽃몸.
아, 얼마나 그리웠는가
옷 벗지 못한 나는 무례했다.
용서해다오.
그대를 탐한 한 마리 짐승이 이제
부끄러울 것도 없는 알몸이 되어
그대를 마중하리라.
네가 그랬던 것처럼
꽃으로 달려가 눈부시게 안으리라.
불두화여!
욕정도 순해지면 순정이 될까.
세상을 헤매는 짐승의 눈동자를
뜨거운 불인두로 지져놓고
모로 선 마음을 내려치는 꽃 주먹 쇠망치.
달밤 마당에 자욱이 피 어린다.

# 새앙 꽃

네가 아직도 그때의 너이기만 하다면
까맣게 잊었으련만
첫 눈빛 첫 마음을 잊지 않으려
맵디매운 새앙처럼 가슴에
그대를 묻었습니다.
쩍쩍 금이 가는 세월
얼얼한 그리움이 힘들어 속울음을 했지만
해거름 없이 돋아나는 새앙꽃처럼
나를 향기롭게 하는 그대!
키 작은 마음에
보란 듯이 사랑하지 못하고
부르다가 잠이 드는 꿈같은 이름입니다.
네가 아직도 너이기만 하다면
까맣게 잊었으련만
내 마음에 그대는
나날이 진해지는 새앙꽃 향기입니다.

# 자귀 꽃

차마 말 못 할 그리움이
물안개처럼 피어오를 때면
자귀꽃 나무 등에 기대어 가만히 눈을 감네.

자귀 꽃 한 송이 머리에 꽂고
먼 하늘 올려다보며
이 꽃핀 어때요, 하고 눈 물음을 하던
관이 예쁜 크낙새 같은 여자

그 꽃말 그 몸짓이 무얼 뜻하는지
끝내 몰라
지금도 찾아가 귀를 대보는 그 옛날의
자귀꽃나무
크낙새를 보았다는 사람도 없고
나도 그녀를 다시 만나지 못했는데

어머니 돌아가신 날에도

자귀꽃 핀을 꽂고 엉엉 울었다는 여자
여전히 기다리는 나를 추억하고 있을까

크낙새 떠난 숲은 이제 쓸쓸하다.

# 아기 민들레

봄볕 속으로 뛰어드는 아이들
파린 실핏줄이 얼비치는 맑은 얼굴이
키 작은 민들레꽃 같다.

어디에 내놔도 다부지게 클 것 같은
저 어린 목숨들
눈빛이 하도 고와서
마주치면 후두둑 눈물이 날 것 같다.

세월에 녹아든 삶의 비밀을
알 수야 없겠지만
저 아이들이 자라 어른이 되면
바람에 날리는 민들레 씨앗처럼
난 분분 흩어져 살겠지.

메마른 길가에서 또는
안개가 사는 둑방에서

그리고 더러는 무너진 돌담 밑에서
제 뿌리에 맞는 꽃대를 세우고
민들레처럼 세상을 굽어보며 그렇게
소풍을 다녀갈 테지.

# 지는 꽃

하르르 꽃잎 떨어져
걸음에 밟히고
서운한 어떤 것은 가지에 매달려 진물 흘리는
꽃나무 그늘에 가면
그날 그 밤의 환하던 몸이
어금니 깨물고
어떻게 세월 속으로 녹아들어야 하는지를
알 수가 있습니다.

숨을 끊고
제대로 한 번 목숨이 되게 하신
그 짧은 절정으로
비로소 긍휼한 삶이 열렸느니

그런 까닭에
꽃 같은 사랑을 받는 일은 언제나
쓸쓸하고 황홀한 것

발등에 떨어지는
꽃잎의 얘기를 자분자분 듣다보면
상처는
아무는 게 아니라
스스로 채우는 자기 그리움이란 걸
알 수가 있습니다.

# 4부

# 안개꽃

# 성에꽃

투명해지고 싶었지.
사랑이라는 이름으로
다 알아야 한다고
속까지 훤히 보여줘야 한다고
핏속의 한 톨 욕망까지
하얗게 빨아 말려야 한다고
그렇게 들여다 볼 수 있는 몸이어야
자기라 부를 수 있다고.
성에꽃 핀 유리창에 기대어
안이면서 바깥인 모순의 세상을 본다.
소통이면서 단절인
사랑 그 불온한 쓸쓸함을 본다.

# 안개꽃

몸무림 치다가
몸부림을 치다가 흩날리는 꽃잎처럼
하르르 내게서 멀어진 사람

언제 무너질지 모를
그날을 위해
우리는 경건히 마주 서 있었고
삶 그 쓸쓸한 한복판에서
기꺼이 괴로워했네.

가르치는 게 아니라면서
바라는 게 아니라면서
아무도 몰래
그리움 불씨를 묻어놓고
스스로 타오르기를 기다린 사랑

사람들은 죽어서

하나의 무덤을 남기지만
피 끓는 가슴에
생 무덤을 남겨놓고 결연히 멀어져 간
안개꽃 같은 사람아

단 한 번만이라도
그대에게 다다르고 싶었던
나, 누굴 위해 활활 타오를거나.
저녁놀 비낀 빈 하늘 보며
하염없이 눈물짓는다.

# 메밀꽃 필 무렵

흐드러진 메밀꽃밭에
빈 원두막 한 채

기다림은 늘
꽃길처럼 환해야 하느니

누구라도
사랑하고 싶거든
집 하나 지어놓고

나는
네 눈물로도
꽃밭이 된다고
말할 수 있어야 한다.

# 목련

봄꽃은 모두
겨울이 주고 간 선물

목련꽃
별이 반짝일 때 툭,
바람이 한눈팔 때 툭,
어둠 어루며 피는 것인데

살결도 곱거니와
향이 맑아
심술궂은 돌개바람도
목련나무 밑에서는 고분고분

꽃피는 소리에
무거운 걸음을 옮기느라 애를 먹는
아흐, 해찰의 봄볕.

# 맨드라미꽃

견딘다는 것은
묵묵히 가슴을 억누르는 일이지.
문신을 새기듯
그리움 끝없이 깊어만 가고

내 안에 또 다른 사람 하나
뿌리내려 키우는 막막함을 감추고 싶어
장독대 앞에 서서
맨몸으로 피워 올린 맨드라미의
붉디붉은 꽃을 바라본다.

멀어진 그대 발자국 소리를 찾아
서서 잠든 그리움이 얼마나 간절했으면
귀를 닮은 꽃이 되었겠나.
가슴에 떨군 눈물방울들이
알알이 까만 씨앗이 되어 박혔겠나.

그래서일까
까치발을 하고 서 있는
맨드라미꽃을 보고 있노라면
눈물로 쓴 임의 엽서 같다.
토씨들이 절묘하게 박혀 있는
간절한 한 편의 연애 시 같다.

# 개화

구석진 마을
이름 없는 빈 언덕에
흰 피를 쏟고 있는 매화나무들

어둠에 갇혀 창백한
들과 숲
앙상한 정령들이 환하게 깨어난다.

한 순간에 세상을 바꿔놓은 순교자들
그들의 피는 하얗다지?

꽃 피는 날 보았네
순교자의 몸
꽃 지는 날 보겠네
순교자의 마음

봄 언덕에 낭자한 매화의 각혈

놀란 바람이
제 발목에 꽃그늘을 걸치고
언덕을 넘네
온 마을이 향기롭네.

# 목련꽃 아래에서

뒤돌아보면 문득 그리운 세월

무너진 풍경 속에서
지금도 그대는 고운 자태를 뽐내고 있는
목련꽃 같은데

다가가기 차마 두려워
먼 발치에서 훔쳐보던 꿈도
이제는 꾸어지지 않는다.

스스로 빠져나와 헐거워진 추억

아무도 모르지.
폭설에 갇혀
벌판에 서 있는 나무처럼
그 눈을 다 맞았더니라.

또 한 해 봄이 오고
목련꽃 아래에서 편지를 쓴다.
이런 꽃날이 또 올까

만나보고 싶다.

# 봄

봄을 알리는
매화 꽃잎의
하염없는 떨림과

청보리 모가지를
살그머니 누르면서 언덕을 내달리는
바람의 행렬이

한 번도 경험해 보지 못한
봄 풍경 속에서
불꽃처럼 화르르 번진다

기념할 만한 봄이 또 왔구나!

# 봄날의 소원

바람이 분다.
저만치의 봄을 회초리 하는 꽃샘추위
돌개바람이 분다.

겨우내 움츠렸던 그리움을
가슴에 내건다.

그대의 오래된 말
오래된 미소

이 추위 끝에 봄 정원처럼
그대와 나의 마음밭에
꽃이 되어 만발하면 좋겠다.

말갛게 꽃물 들었으면 좋겠다.

## 봄날 풍경

탄탄한 엉덩이가 받쳐주는
소 등목에 멍에를 얹고
잘 벼린 쟁깃날을 땅에 콱! 물려가며
한바탕 무진 힘을 쓰고 나서

농부는 쪼그리고 앉아 담배 한 대 물고
힘에 부친 황소가
방울눈을 치뜨고 올려다본 하늘엔
쨍쨍한 하루해가 중천에 걸렸고

이랴

시퍼런 쇳날이 흙살을 먹어 들어갈수록
헤엄치는 물고기처럼
싱싱하게 되살아나는 밭고랑

흙 다루는 재미를 누가 알랴

소는 밭을 갈고
밭은 노인을 갈고
노인은 세월을 간다.

풍경이 슬어놓은 어둑살이 환하다

## 봄이 오면

밟으면 되살아나는 먼지처럼
억누르면 더 멀리 번지는 그리움처럼
봄이 오면
내 마음 언덕에 꽃물결 인다.

세월 지나도
그해 봄으로 기억되는 가슴 속
그때 그 사람
저물도록 늙지도 않고 다복다복
꽃처럼 피느니

세상의 모든 꽃은
하늘에 올리는 지상의
긍휼한 헌화

숨은 꽃 뿌리같이
무장무장 뻗어 네게 닿는 때마다

그리운 꽃송이 화르르

피고 또 진다.

## 고요는 어떻게 태어나는가

가을 숲에 가면
초록을 갉아먹는 햇빛소리,
낙엽을 떨구고
대지를 향해 휘었던 무거운 가지를
하늘로 치켜드는 나무들의
가뿐한 기지개 소리 들린다.

풍우에 단련된 나뭇잎을
잘 말려 굴리는 바람소리
알뿌리에 물을 저장하는 풀잎의
미세한 숨소리도 들린다.

죽음을
온몸으로 껴안는 숲의
뜨거운 심장 소리에
산은 피가 돌고
바위는 쩍쩍 금이 가는 것이니

나는
이 모든 살아 있는 소리를
고요라 한다.

물들기 좋은 날이다.

# 눈 내리는 날에는

눈 내리는 날에는
죄 없는 양 함부로
하늘을 올려다보지 마라.

너와 나의 욕된 죄
덮어주려고
하늘 허공을 달려오는 것이니

세상을 위해
주저 없이 뛰어내리는 눈발의
가없는 발걸음 소리를
이 밤 잠들지 말고 들어야 한다.
긍휼한 그이 방문을
맨발로 맞이해야 한다.

눈 내리는 날에는
겸손한 어깨에

하늘이 전하는 순백의 말을
소복소복 받아가며 걸어야 한다.

# 5부

# 육필

# 점등

아침 햇살이
풀잎 끝에 매달린 이슬방울을
점등한다.

일제히 켜지는 알전구

하늘은
떠다니는 이슬에게도
점등으로 길을 안내하는데
나는 무엇을 들고 살아갈까

삶이란
눈[目] 덮은 마지막 날을 위해
등불을 준비하는 것이니

마음이 꽃 짐 짊어지고
임 마중 가는 길

나는 나를 점등한다.

## 육필

아무도 몰라야 했습니다.
알아서는 아니 되는 비밀이어야 했습니다.
억누름으로는 감출 수 없는 사랑
그러니 마음만이라도 나눠야 했습니다.
눈 내리는 어느 해 겨울
글 친구들과 밤늦도록
혁명과 사랑과 시에 대해 이야기하다
한 이불 속에 누웠더랬지요.
일생일대의 행운으로 우리는 함께였습니다.
아 눈빛조차 들킬세라 눈을 꼭 감고
떨리는 심장을 다독여 가며
그대 손바닥에 손가락 글씨를 썼습니다.
세포에 새기는 사무침으로
우리 이야기는 끝이 없었습니다.
단 하룻밤으로 인연은 끝났지만
그때 쓴 사랑 노래는 지금도
관절 마디마디를 타고 흐르며 몸속을 떠돕니다.

손가락으로 쓴 육필 편지를
지금도 기억하고 사는지
가끔씩 마음의 우체통을 열어봅니다.
하나님도 모르는 비밀입니다.

## 늑대

그는 나를 늑대라고 불렀다.

그럴 만하다.
난 생살만을 고집했으니까
붉은 피 뚝뚝 흘리는
살아 있는 살을 즐겼으니까

나의 별자리는 야행성 늑대
밤이 되면
두 눈은 더 멀리 반짝이고
이마는 뜨거워졌으니
코끝에 스미는 피 냄새를 쫓아
나의 이성과 감성을 광야에 풀어놓는다.

굶주린 내 영혼
목마르구나

망극하구나

나는 오늘도
침엽의 숲을 어슬렁거리는
고독한 사냥꾼
늙지 않는 평원의 늑대다.

# 카페에서

누군가를 기다려본 사람은 안다
기다림 끝에 그리움이 시작된다는 것을.
느린 곡조의 음악이 흐르는 카페에서
나는 기다린다.
오지 않을 사람
결코 와서는 안 될 사람인 줄도 안다.
그럼에도 기다리는 것은
보석 같은 그리움을 만들고 싶기 때문.
만날 수 없다면
동동거리는 사람 냄새 나는 그리움을
이젠 사랑해야지.
만나서 재가 되는 황홀함보다
속으로 파랗게 싹이 돋는 겨울나무 같은
그리움을 간직해야지.
세상과의 결별을 준비하는 단풍잎
옹기종기 모여 계절을 모의하는 환절기의 바람
젖은 발부리를 말리는 가로등

뜨거운 입술을 기다리는 앙증맞은 찻잔
슬픔을 압축해 뽑아낸 에스프레소
모두 달콤 쌉싸래하다.

# 풍경 · 1

바람을 만나기 전에는
눈멀고 귀 먼
온기 없는 물고기였다.

추녀 끝에 매달려
얼음장 같은 어둠을 꽝꽝 두드리더니
득음을 했나, 운다

바람을 깨치고
적멸보궁에 드는 무혈 목어

몇 개의 바다를 마시고 토해야
그 한 몸 유유히 건널
무심천에 이를까

환생의 절절함으로 꼿꼿해진
지느러미를 세우고

헤엄쳐 오르는 직벽의 세상은
소실점 없는 외길

서풍은 불고
홀로 가는 길에 풍경이 운다.

# 풍경 · 2

한 번을 다녀가도
마음 같은 것 말고
껴안을 수 있는 몸으로 와주시는
당신이 눈물 납니다.

무시로 나를 흔드는 이여

당신의 손길 닿을 때마다
나도 모르게
아, 나도 모르게
노래로 울음으로 황홀케 하시니
고맙습니다.

한 아름 안고 토닥이며
사랑에 겨워하시는 말씀이
심금을 울립니다.

사랑은
눈 뜨자마자
그 사람을 가장 먼저 맞이하는
마음의 풍경을
가슴에 내거는 일입니다.

# 봄 숲

봄 숲은
여백이 많은 첫사랑의 편지지
알면 알수록 궁금한
연둣빛 설레임이다.

까치발로 지나가야 했던
그 집 앞
아무도 몰래
사랑의 발자국을 찍었다.

숲을 키워낸 산처럼
마음의 키를 키워준 당신

누구나 아는 글자지만
그대가 아니면 읽을 수 없는 편지처럼
봄 숲이
햇빛과 바람과 꽃을 엮어

푸른 그늘을 짜고 있다.

연애편지가 지워지지 않는 사랑의 기록이듯이
봄 숲은
더불어 꿋꿋해진 나무의 기억이다.

# 선화禪畵

봄볕 늘어진 처마 밑
돌계단 끝에
고양이 한 마리
풍경에 매달린 물고기를 노리고 있다

풍경은 떨어지지 않으려
바람을 잡고 울고
먹이를 놓치지 않으려는 두 눈동자
껌벅도 않는 돌부처가 됐다

손 닿으면 퉁! 하고 울릴 듯한 팽팽한 긴장에
절간 기둥은
직립인 채 꼼짝도 못하고
좌선을 풀지 못한 스님 무릎에서
목탁만 외롭게 운다

저녁도 건너뛰고

용맹정진 중인

축생 셋.

## 친친親親

동구 밖까지 나와
손을 흔드는 어머니

처음에는
가라는 것 같더니
자꾸 바라보니
오라는 손짓 같아

마음을 지평선에 걸어놓고
온종일
발끝 살피며 출렁인다.

# 경칩에 듣는

얼음 녹아 흐르는 도랑물 소리
개구리 우는 소리
동네 한 바퀴 휘젓는 바람 소리
나뭇가지 물 빨아올리는 소리
꽃봉오리 웅성거리는 소리
나비 애벌레 눈뜨는 소리
냉혈 뱀 심장 뛰는 소리
이사철 새떼들 짐 꾸리고 푸는 소리
동면에서 깨나는 오소리 하품 소리

동백꽃 그늘에 앉아
올봄도 그냥 지나갈까
나이 한 살 애처롭게 꽃멍 드는
시골 아가씨 한숨 소리.

## 소낙비

여자는 아이를 때렸다.
발버둥 치며 아이가 울었고
바람도 천둥도 발악하듯 울었다.

퍼붓는 소낙비

엄마는 아이를 끌어안았다.
아이도 천둥도 울음을 그쳤다.
마당 끝이 환해졌다.

아이를 안고 일어서서
여자가 물끄러미
늦은 버스처럼 사라지는
한 사내를 본다.

여인이 운다.

남들 다 울고 난 뒤
겨우 곡할 차례를 얻은 의붓딸처럼
질컥거리는 울음소리를 내며
어깨가 허물어진다.

잠꼬대도 없이 아이가 잠든다.

# 나비

행방 없이
나는 것 같은데
정확히 꽃잎에 내려앉는 나비

향기에 끌린
몸인가
정신인가

꽃 아닌 것에
기웃거린 적 없는
아름다운 비행.

# 소생의 아침

나의 하루는
당신이 보낸 시로 시작된다

몇 줄의 짧은 문장으로
말문이 트이고
심장이 뛰고
정신의 동산에 해가 떠

지리멸렬한 생生의 욕구들이
꽃처럼 핀다.

# 필경사

당신은 원본

해변의 물결무늬로
바다를 읽듯

곡진한 그리움으로 읽는
생의 지문

나는 당신을 팔사한다

# 문살 꽃

아침 해
문살 한 칸 한 칸 내려설 때마다
방 안에 꽃이 핀다

어둠을 밝히는 빗살문양

몇 광년을 기다린 순간이냐
아침을 껴안은 공간이
싱싱한 시간을 산란한다

하루를 허락받은
은혜의 삶
심장을 펌프질한다.

■ 라이너 노트

# 잠들어도 그리움은 쉬는 날이 없네

오인택(시인 · 공학박사)

[구연배 시집 앨범자켓, OST QR 코드]

당신이 이 음반을 손에 들고 있다면, 아마도 지금의 당신은 무언가를 막 잃었거나, 잃은 줄 알았으나 여전히 품고 있거나, 혹은 끝내 놓지 못한 마음 하나를 조용히 안고 있는 사람일지도 모르겠다는 생각으로 이 이야기를 시작해 본다.

이 노래들은 당신을 위로하기 위해 만들어지지 않았다기보다, 이미 충분히 견디고 있는 당신 곁에 잠시 앉아 함께 숨을 고르기 위해 존재하며, 말을 건네기보다는 말을 하지 않아도 괜찮은 시간을 허락하기 위해 태어났다고 말하고 싶다.

구연배의 시가 처음부터 노래였던 이유는, 이 문장들이 감정을 설명하려 들지 않고 당신의 경험을 대신 말하려 하지 않으며, 오히려 당신 안에 이미 있었지만 미처 이름 붙이지 못했던 마음을 가만히 흔들어 깨우는 방식으로 다가오기 때문인데, 이 음반의 음악 또한 그 태도를 끝까지 존중하며 한 발짝 뒤에서 조용히 걸어간다.

당신이 〈사랑의 마음〉을 듣는 동안, 이 노래는 사랑을 얻는 법이나 지키는 법을 가르치지 않고, 다만 사랑 앞에서 얼마나 투명해질 수 있는지를 묻고, 그 질문에 대한 대답은 끝내 당신 스스로에게 남겨두려 한다.

〈강, 하나로 섞이는 물노래〉와 〈안개가 내리면〉이 흐르는 동안, 당신의 삶에 있었던 격정과 혼란, 지워지고 섞이고 다시 길이 되었던 시간들이 떠오른다면, 그 기억들은 틀리지 않았으며, 당신이 견뎌온 시간 또한 충분히

자연스러웠다는 사실을 이 노래들은 낮은 음으로 확인해 준다.

〈새벽길〉과 〈달과 하룻밤〉에 이르면, 당신은 아마도 누군가를 떠올리거나, 혹은 아무도 떠올리지 않은 채 그저 고요 속에 머물게 될 텐데, 이 곡들이 당신에게 바라는 것은 이해가 아니라 정지이며, 판단이 아니라 잠시 멈춰 서는 용기다.

〈당신〉과 〈눈뜨는 아픔〉은 사랑이 반드시 달콤하거나 안전한 감정이 아니라, 때로는 서로를 깨우고 아프게 만드는 사건이라는 사실을 숨기지 않으며, 당신이 겪어온 사랑의 상처 또한 실패가 아니라 깨어 있음의 흔적이었음을 조심스럽게 말해 준다.

타이틀곡 〈잠들어도 그리움은 쉬는 날이 없네〉를 듣는 순간, 당신은 누군가를 닦아주었던 기억, 혹은 누군가에게 닦아짐을 받았던 시간을 떠올릴지도 모르는데, 이 노래는 그 기억이 결코 헛되지 않았으며, 덜어내고 비워내는 사랑이야말로 가장 오래 남는 형태의 헌신일 수 있음을 말없이 보여준다.

〈쉴만한 그늘〉과 〈카페에서〉에 이르면, 이 음반은 당신에게 더 이상 무엇도 요구하지 않고, 기다림과 쉼이 도피가 아니라 감정을 보존하는 성숙한 방식임을 인정하며, 당신이 지금 서 있는 자리 또한 충분히 괜찮다고 말해 준다.

이 노래들은 당신을 울리거나 감동시키려 하지 않고, 다만 당신의 삶 한쪽에 조용히 앉아 있다가, 어느 날 문득 필요해질 때 다시 불려지기를 기다리는 존재이며, 당신이 이 음반을 끝까지 듣지 않아도 괜찮고, 중간에 멈추어도 괜찮으며, 어떤 곡 하나만 오래 붙잡고 있어도 괜찮다고 말하고 싶다.

잠들어도 그리움은 쉬는 날이 없듯이, 당신의 마음 또한 쉬지 않고 당신을 살아 있게 해왔다는 사실을, 이 노래들이 대신 말해주지 않더라도 이미 알고 있기를 바라며, 오늘은 그저 이 음악과 함께 조용히 숨을 쉬어도 충분하다.

— 이 음반이 당신에게 닿기를 바라며

## Track List

1 **사랑의 마음**
시 구연배 · 작곡 오인택 · 노래 풍경

2 **강, 하나로 섞이는 물노래**
시 구연배 · 작곡 오인택 · 노래 풍경

3 **새벽길**
시 구연배 · 작곡 오인택 · 노래 풍경

4 **달과 하룻밤**
시 구연배 · 작곡 오인택 · 노래 풍경

5 **안개가 내리면**
시 구연배 · 작곡 오인택 · 노래 풍경

6 **당신**
시 구연배 · 작곡 오인택 · 노래 풍경

7 **눈뜨는 아픔**
시 구연배 · 작곡 오인택 · 노래 풍경

8 **잠들어도 그리움은 쉬는 날이 없네 *(Title Track)***
시 구연배 · 작곡 오인택 · 노래 풍경

9 **쉴만한 그늘**
시 구연배 · 작곡 오인택 · 노래 풍경

10 **카페에서**
시 구연배 · 작곡 오인택 · 노래 풍경

## 앨범 크레딧 (Credits)

| 구분 | 내용 |
|---|---|
| 앨범명 | 잠들어도 그리움은 쉬는 날이 없네 |
| 아티스트 | 풍경 |
| 형태 | 프로젝트 아티스트 (시 기반 보컬 프로젝트) |
| 수록곡 수 | 10 Tracks |
| 가사(작사) | 구연배 시집『 잠들어도 그리움은 쉬는 날이 없네 』 수록 시 원문 사용 |
| 작곡 | 오인택 |
| 보컬 퍼포먼스 | 풍경 |
| 보컬 형태 | AI 기반 사이버 보컬 |
| 음악 제작 방식 | Generative AI 기반 음악 생성 (창작 보조) |
| 주요 사운드 | Piano · Acoustic Guitar · Soft Strings · Ambient Pad · Minimal Percussion · Upright Bass (Selected Tracks) |
| 비고 | 본 앨범은 문학 작품을 기반으로 한 노래시집 음반으로, 시의 원문을 훼손하지 않고 음악적 호흡으로 확장한 감상용·기록용 프로젝트임 |

건강신문사 힐링노래시집

# 잠들어도 그리움은 쉬는 날이 없네

초판 1쇄 | 2026년 1월 23일

저 자 | 구연배
발행인 | 윤승천
발행처 | (주)건강신문사

등록번호 | 제25100-2010-000016호

주 소 | 서울특별시 은평구 통일로 712-1
전 화 | 02)305-6077(대표)
팩 스 | 02)305-1436

인터넷건강신문 | www.kksm.co.kr
헬스데일리 | www.healthdaily.co.kr
한국의 첨단의술 | www.khtm.co.kr

ISBN 978-89-6267-168-1 (03800)